Burkard Waldis

Streitgedichte gegen Herzog Heinrich den Jüngern von Braunschweig

Burkard Waldis

Streitgedichte gegen Herzog Heinrich den Jüngern von Braunschweig

ISBN/EAN: 9783348080194

Hergestellt in Europa, USA, Kanada, Australien, Japan

Cover: Foto ©Thomas Meinert / pixelio.de

Weitere Bücher finden Sie auf **www.hansebooks.com**

Streitgedichte

gegen Herzog Heinrich den Jüngern von Braunschweig

von

Burkard Waldis (1542).

Herausgegeben

von

Friedrich Koldewey.

Halle a/S.

Max Niemeyer.

1883.

Einleitung.

Als es im Sommer des Jahres 1538 den Bemühungen des kaiserlichen Vicekanzlers Matthias Held gelungen war, der Schmalkaldischen Einigung das Nürnberger Bündnis der Liga entgegen zu stellen, wuchs von Tage zu Tage die Spannung der Gegensätze und die Erbitterung der Parteien. Von ligistischer Seite war es besonders Herzog Heinrich der Jüngere von Braunschweig-Wolfenbüttel, der die Glut zu schüren wusste. Rührige Thatkraft, berechnender Scharfblick, diplomatische Gewandtheit machten ihn zu dem einflussreichsten Führer seiner Partei, zu der ihn weniger religiöse Ueberzeugung als Abhängigkeit von der kaiserlichen Politik und Rücksichtsnahme auf seine fürstlichen Rechte und auf seine dynastischen Interessen geführt hatte. Mit Verdruss hatte er es mit ansehen müssen, wie die ihm verfeindete Reichsstadt Goslar durch ihren Anschluss an den Schmalkaldischen Bund einen kräftigen Rückhalt gewonnen, und nicht geringer war sein Zorn, als trotz seines Einspruchs die neuen Doctrinen hinter den starken Mauern seiner Landstadt Braunschweig festen Boden fassten. Bitter genug hatten die Städter seine gewaltthätige, rücksichtslose, rasch zugreifende Faust empfinden müssen, aber alle seine Versuche, den Freiheits- und Unabhängigkeitssinn derselben zu brechen, waren erfolglos geblieben. Mit dem Landgrafen Philipp von Hessen hatte ihn einst lange Jahre hindurch gute Freundschaft verbunden. Jetzt hatten die sich kreuzenden Interessen die beiden Fürsten zu erbitterten Feinden gemacht. Es bedurfte nur eines Anlasses, um die verhaltene Glut in hellen Flammen emporschiessen zu lassen.

Seit dem Jahre 1539 entwickelte sich zwischen Herzog Heinrich und seinen Schmalkaldischen Gegnern ein äusserst heftiger Schriftenwechsel, in dem unter immer steigender Erbitterung der eine Part dem andern die ehrenrührigsten Dinge mit geradezu unglaublicher Derbheit vor die Augen hielt. Der wuchtige Angriff der offiziellen Schriftstücke wurde verstärkt durch eine Schar kecker und zügelloser Pamphlete, deren masslos scharfer Ton von der in den verfeindeten Heerlagern herrschenden Stimmung genugsam Zeugnis giebt. Bekanntlich hat auch Luther in seinem Büchlein „Wider Hans Worst" seinem Zorne gegen den wilden Feind des Evangeliums Luft gemacht. (Vgl. des Verfassers demnächst als Publikation des Vereins für Reformationsgeschichte erscheinende Schrift: Heinz von Wolfenbüttel. Ein Zeitbild aus dem Jahrhundert der Reformation.)

Von den mannigfachen Anschuldigungen, welche die Schmalkaldischen ihrem Gegner entgegenhielten, verdienen für den hier vorliegenden Zweck zunächst die Unbilden Beachtung, über die Goslar zu klagen hatte. Bergwerke und Forsten hatten den Anlass zu jahrelangen Zerwürfnissen geboten. Schliesslich hatte man 1530 zu Augsburg einen Ausgleich versucht; aber die Verhandlungen waren resultatlos verlaufen. Der Gesandte der Stadt, Doktor Konrad Dellingshausen aus Einbeck, war auf der Heimfahrt von Leuten des Herzogs überfallen und nach Schöningen geschleppt. Dort war er nach einiger Zeit — man meinte, nicht ohne die nachhelfende Hand eines herzoglichen Dieners — gestorben und im Wall des befestigten Schlosses beigescharrt. Die Plackereien von seiten des Herzogs gingen fort, und die Klagen der Stadt bei dem Reichskammergericht verliefen im Sande. Der Herzog wusste es im Herbst 1540 sogar durchzusetzen, dass über Goslar die Reichsacht verhängt ward. Die vereinigten Bemühungen der Schmalkaldischen bewirkten zwar bald die Suspension dieser Massregel; trotzdem aber hörte der Herzog nicht auf, die ihm verhassten Städter, wo er konnte, zu schädigen und zu plagen.

Heftigeren Unwillen noch als die Klagen Goslars erregten die mit immer grösserer Bestimmtheit auftretenden Gerüchte über das skandalöse Verfahren, mit dem Heinrich seinen Liebeshandel mit Eva von Trott der Welt zu verbergen gesucht hatte. Schon drei Kinder hatte die schöne Hofdame seiner Gemahlin dem Herzoge geboren, als sie bei dem Herannahen ihrer vierten Niederkunft in Gandersheim zum Schein erkrankte. Während sie dann in aller Stille sich nach der benachbarten Staufenburg begab, um dort in der Verborgenheit den Verkehr mit ihrem fürstlichen Liebhaber fortzusetzen, gab ihre Umgebung vor, sie sei gestorben, und ein geschnitztes Bild wurde statt ihrer mit allen kirchlichen Ehren, mit Vigilien und Seelenmessen, zur Erde bestattet. Jahrelang wurde das Geheimnis gewahrt, und noch mehrere Kinder waren die Frucht des eines gewissen romantischen Reizes nicht entbehrenden Liebesverhältnisses; aber schliesslich lüftete sich der Schleier, und allgemein war der Unwille, den die mit den heiligen Bräuchen getriebene Spiegelfechterei hervorrief.

Zu gleicher Zeit fanden an verschiedenen Orten der protestantischen Territorien entsetzliche Mordbrennereien statt. Das blühende Städtchen Einbeck wurde 1540 in Asche gelegt, und mehr als 300 Menschen kamen dabei ums Leben. Eine Anzahl der Mordgesellen wurde gefangen, und die ihnen auf der Folter abgewonnenen „Urgichten" wiesen zum Teil auf Herzog Heinrich als den Anstifter der Untaten. Es lässt sich nicht mehr feststellen, wie weit die Geständnisse der Verbrecher Glauben verdienten, aber im protestantischen Lager trug man kein Bedenken, den Wolfenbüttelschen Tyrannen als einen Erzmordbrenner zu verdammen. Auf dem Reichstage, der im Frühjahr 1541 zu Regensburg tagte, überreichten die Schmalkaldischen dem Kaiser eine Schrift, in der die gravierenden Aussagen der Verbrecher zusammengestellt waren. Unter den Uebelthätern werden Hans Eseltreiber, ein Diener des Herrn von Pless, Heinrich Teich, der den Einbecker Brand ins Werk gesetzt hatte, und Simon Finck, ein Unterthan des Kurfürsten von Brandenburg genannt (vgl. Hortleder, Handlungen und Ausschreiben etc. Th. I. B. IV. Kap. 26).

Zu Regensburg versuchte der Kaiser vergeblich, den verdriesslichen Handel beizulegen. Als dann der Herzog seine Feindseligkeiten gegen Braunschweig und Goslar fortsetzte, kamen die Oberhauptleute der Schmalkaldischen Einigung, Kurfürst Johann Friedrich von Sachsen und Landgraf Philipp von Hessen, den Städten in ihrer Bedrängnis zu Hülfe und rückten im Juli 1542 mit so starker Heeresmacht heran, dass Herzog Heinrich an einen erfolgreichen Widerstand nicht denken konnte. Er verstärkte daher, so gut es gehen wollte, die Besatzungen seiner festen Schlösser und verliess das Land, um sich bei seinen ligistischen Bundesgenossen, insbesondere bei dem Herzoge von Bayern, nach Hülfe umzusehen. Die wohl verproviantierte und besonders durch ihre sumpfige Umgebung geschützte Festung Wolfenbüttel sollte, so hoffte er, den Feinden so lange standhalten, bis er mit genügenden Streitkräften zum Entsatz zurückkehren würde. Seine Hoffnung wurde getäuscht. Das Herzogtum fiel binnen kurzer Zeit fast ohne Schwertstreich in die Hände der Feinde. Wolfenbüttel wurde in den ersten Tagen des Monat August eingeschlossen. Mittwoch den 9. August begann die Beschiessung und wurde an den beiden folgenden Tagen mit so gutem Erfolge fortgesetzt, dass Sonnabend den 12. August um die zehnte Stunde die Uebergabe erfolgte. Die Besatzung hatte die Hoffnung auf die anfangs mit Sicherheit erwartete Rückkehr ihres Herrn aufgegeben und gewann durch die frühzeitige Verhandlung freien Abzug. Den Verbündeten fiel ausser bedeutenden Vorräten die ganze Kanzlei des Herzogs in die Hände. Die darin vorgefundenen Schriftstücke gewährten einen klaren Einblick in die Pläne des Herzogs und seiner Parteigenossen.

Während die Schmalkaldischen sich in dem ihnen mit so leichter Mühe zugefallenen und dabei doch so unsichern Besitze, so gut es anging, einrichteten, eine provisorische Regierung einsetzten, von den Einwohnern sich den Huldigungseid schwören liessen und in Kirchen und Klöstern den Gottesdienst nach evangelischem Ritus ordneten, irrte Herzog Heinrich in der Fremde umher. Die Herzöge von Bayern, auf die er hauptsächlich seine Hoffnung gesetzt hatte, liessen ihn im Stich, sein alter Freund Albrecht von Mainz vermochte ihm keine Hülfe zu bieten, dem Kaiser, der selbst mit den Türken und Franzosen genug zu thun hatte, kamen die Unruhen im Reich höchst ungelegen, die Räte des Königs Ferdinand sagten, es sei dem Herzoge nach seinen Thaten geschehen. So blieb das Fürstentum Wolfenbüttel einstweilen in den Händen der Schmalkaldischen. Erst im Sommer 1547, als die Schlacht bei Mühlberg dem Schmalkaldischen Bündnis ein jähes Ende bereitet hatte, kehrte Herzog Heinrich in das Erbe seiner Väter zurück.

Der glückliche Feldzug gegen den wilden und trotzigen Protestantenfeind rief eine grosse Anzahl von Liedern und Reimgedichten hervor, in denen die Stimmung der evangelischen Kreise auf das deutlichste sich abspiegelt. In die Siegesfreude mischt sich der Abscheu vor den Unthaten des wilden Heinz, der Spott über seine eilige Flucht, der Hohn über seine hülflose und verlassene Lage. Es muss wohl ein tiefer und nachhaltiger Groll gewesen sein, der diesen kecken Ergüssen über den grossen Scharrhans, den Gottesverächter Mezentius, den Eisenfresser, den Teufelsgesellen, den hungrigen Wolf, den wilden Mann und mordlustigen Lykaon das Leben gegeben hat.

In der Reihe dieser gesalzenen Satiren und Pamphlete befinden sich vier Gedichte, die allesamt — wenn auch nicht in allen Ausgaben — auf dem Titelblatt oder am Ende die Buchstaben „B. W." aufzeigen. Bei dem jetzigen Stande der Forschung kann es keinem Zweifel unterliegen, dass diese Zeichen als Verfasser der Gedichte den Fabeldichter Burkard Waldis zu erkennen geben. Es sind folgende:

1. Warhaffte Beschreibung der Belegerung vnd Schantzens vor dem Hauß Wolffenbüttel.

2. Hertzog Heinrichs von Braunschweigs Klagelied.

3. Wie der Lycaon von Wolffenbuttel itz newlich in einen Munch vorwandelt ist.

4. Der Wilde Man von Wolffenbuttel.

Alle vier Streitgedichte zeichnen sich vor den meisten andern Pamphleten vorteilhaft aus. Die Sprache ist trotz mancher Härten und Weitschweifigkeiten doch frisch und lebendig, die Verse fliessen leicht und gefällig dahin, der

Ton der Polemik ist kräftig und derb, wie ihn der Geschmack der Zeit mit sich brachte, entbehrt aber im Vergleich zu dem der meisten andern Flugschriften nicht einer massvollen Würde, der ganze Inhalt ruht auf sittlich-religiöser Grundlage. Die mehrfachen Auflagen, in denen diese Flugschriften auf unsere Tage gekommen sind, bezeugen den Beifall, den sie bei ihrem Erscheinen gefunden. Noch heute sind sie interessant als Stimmungsbilder jener tief aufgeregten Zeit und verdienen es in hohem Masse, der Gegenwart durch einen Neudruck bekannt zu werden.

Der Dichter war, als er gegen den Welfenherzog auf den Kampfplatz trat, ein gereifter Mann, den fünfzigern nahe. Nach einem bewegten und leidensreichen Leben in der Fremde war er seit kurzem in seine hessische Heimat zurückgekehrt. Im Wintersemester 1541 hatte er in Wittenberg zu Luthers Füssen gesessen und wartete nun auf eine Anstellung im Dienste der hessischen Kirche. Allem Anschein nach befand er sich bei dem braunschweigischen Kriegszuge im Gefolge des Landgrafen und war so ein Augenzeuge der schnellen Eroberung des Herzogtums. Bei aller Rücksicht auf seinen Landesherrn weiss er sich doch von niedriger Schmeichelei und von dem Jagen nach Gunst frei zu halten, und wer seine Gedichte mit Aufmerksamkeit liest, dem kann es nicht verborgen bleiben, dass nicht bloss die Gegner es sind, denen er Moral predigt.

Eine biographische Skizze dem Neudruck der politischen Gedichte Burkards vorauszuschicken, liegt nicht in der Absicht dieser Blätter, zumal erst kürzlich in dem Ergänzungshefte zu No. 30 dieser Sammlung Gustav Milchsack die über den hessischen Fabeldichter erhaltenen Nachrichten zusammengestellt, auch Julius Tittmann im vorigen Jahre seiner Ausgabe von Burkard Waldis' Esopus eine Abhandlung über Leben und Schriften desselben vorausgeschickt hat. Wir beschränken uns deshalb darauf, über die von uns mitgeteilten Werke Burkards die erforderliche Auskunft zu geben.

1. Warhaffte Beschreibung der Belegerung und Schantzens vor dem Haus Wolfenbuttel.

Von dem Gedichte sind drei verschiedene Ausgaben vorhanden, vgl. von Liliencron, Volkslieder IV, 174 Anm.

A. Warhaffte beſchrei= | bung, Der Belegerung vnd | Schan=
 tzens vor dem Haus Wolffenbüttel. | Durch die Dürch=
leuchten Hochgebornen, Fürſten, Churfürſten zu Sachſſen,
vnd | Landgraff Philipſſen zu Heſſen. | Geſcheen den
9. Auguſti, des | 42. Jars. | Der Dichter. | 6 Reimpaare:
DER Beuttel hat der löcher viel u. ſ. w. | Anno
M. D. XLij. — 4 Bl. 4⁰, o. O. 1542, Rückseite des
Titelblattes bedruckt, auf der letzten Seite die
Buchstaben B. W. Es liegen vor die Exemplare
der Bibliotheken zu Wernigerode Pl. 1760 n, und
zu Wolfenbüttel.

B. Warhafftige beſchreh= | bung, Der Belegerung vnd
Schan= | tzens vor tem Haus Wolffenbüttel. Durch
die Dürchleuchten Hochgebornen Fürſten, Chur= fürſten,
zu Sachſſen. Vnd Landgraff Philipſſen | zu Heſſen.
Geſchecn ben 9. Auguſti, des 42. jars. | Der Dichter. |
6 Reimpaare: DER Beuttel hat der löcher viel u. ſ. w.
Holzschnitt. — 4 Bl. 4⁰, o. O. u. J., Rückseite des
Titelblattes bedruckt, letzte Seite leer. — Es liegen
vor zwei Exemplare der Bibliothek zu Wernigerode
Pl. 1760 m und Ri. 278 No. 2.

C. Warhafftige beſchrei= | bung, Der Belegerung vnd
Schan= | tzens vor bem Haus Wolffenbüttel etc. —
4 Bl. 4⁰, o. O. u. J. — Nach von Liliencron a. a. O.
Berl. Bibl. Yh. 1491.

Das Gedicht ist nach A ohne die Verse des Titelblattes
und das einleitende Gebet V. 1—26 gedruckt bei O. L. B. Wolff,
Sammlung historischer Volkslieder (Stuttgart und Tübingen
1830) S. 118 ff.

Bei unserem Abdruck haben wir die Ausgabe A zu
Grunde gelegt, zumeist weil sie auf der letzten Seite Burkard
Waldis als Verfasser angiebt. Geändert ist des Reimes
wegen V. 11 pochen; V. 57 ergeben; ferner ist in Ueberein-
stimmung mit B geändert: 65 Wolffenbuttel; 87 durh;

150 geſchen. Die Interpunktion ist dem Sinne angepasst,
nur auf dem Titelblatt und in der Ueberschrift Bl. 1
ist sie hier wie in den übrigen Gedichten genau nach
dem alten Drucke wiedergegeben. Die Abweichungen der
Ausgabe B sind sehr unbedeutend und fast nur ortho-
graphischer Art. Die Präposition in ist in B stets „jn" ge-
druckt. Als fernere Abweichungen sind zu bemerken:
Gedicht des Titelblattes V. 10 nit; Gedicht V. 26 auſgerichtet;
47 vnſem; 73 Haſſen füſſen; 80 vorſtan; 84 gehört; 97 geſelt:
115 ich ſag, ſint; 137 wart; 154 Die ſtraff; 157 ſ. geleſn —
geweſen.

Zur Erklärung: In dem Gedicht des Titelblattes ist
mit dem zerlöcherten Beutel die Festung Wolfenbüttel ge-
meint, die in jener Zeit vielfach Wolfenbeutel genannt
wurde. Dieselbe unrichtige Etymologie führte auf Bezeich-
nungen wie Lupi sacculus, Lupi marsupium, Lycoperan
(λύκος, πήρα). Den Herzog selbst als Wolf zu bezeichnen,
lag den Satirikern der Zeit sehr nahe. Schon der Name des
Welfenhauses und der Name der Residenz Wolfenbüttel
führte darauf. Dazu kam dann noch das gewaltthätige und
rücksichtslose Verfahren, über das seine Nachbarn bittere
Klage führten. — In V. 9 des Titelblattes ist der, „den der
Wolf iþund ſuchen iſt", der Herzog von Bayern oder der
Kaiser. V. 61 nicht ein meibt, nicht das geringste, gar nicht.

Das Gedicht ist unmittelbar nach der Eroberung Wolfen-
büttels verfasst und schildert die Ereignisse von Mittwoch
den 9. bis Sonnabend den 12. August.

2. Hertzog Heinrichs von Braunschweigs Klagelied.

Von diesem Liede waren bisher drei verschiedene
Ausgaben bekannt, über die sich Auskunft findet bei Weller,
Annalen der Poetischen National-Literatur der Deutschen im
XVI. und XVII. Jahrhundert I. 36 No. 168, und von Lilien-
cron, Histor. Volkslieder IV, 196 Anm. Dasselbe ist bereits
nach der einen oder andern dieser Ausgaben gedruckt in
der Zeitschr. d. hist. Ver. f. Niedersachsen Jahrg. 1852, S. 161.
im Hess. Jahrb. für 1855 S. 225, daraus in einer Separat-

ausgabe von F. L. Mittler ((assel 1855), zuletzt bei von
Liliencron IV, 194.

Nicht bekannt war hisher eine vierte Ausgabe, die sich
in der Wernigeröder Bibliothek Ri. 278 No. 33 findet:
Herzog Heinz | richs von Braun | schweigs klage Liebt.,
Holzschnitt, das Wappen des Papstes Paul III.
darstellend. — 4 Bl. 8º, o. O. u. J., Rückseite des
Titelblattes bedruckt, letzte Seite leer. Die Zeilen
der einzelnen Strophen sind ohne Absätze hinter-
einander gedruckt, regellos mit grossen und kleinen
Anfangsbuchstaben beginnend. Die Strophen sind
gesondert und numeriert.

Von den bisher bekannten Ausgaben unterscheidet
sich dieser vierte alte Druck besonders dadurch, dass er
die 6. Strophe „Zum Berlin Simon Fincken" etc. enthält,
welche in den übrigen fehlt. In mehreren Versen entspricht
die Silbenzahl der Verse mehr dem metrischen Gesetze, so
2, 6. 7; 3, 3; 5, 2; 7, 2; 8, 1; 13, 2; 18, 1; 19, 3. 4. Ferner
findet sich 4, 7 das bereits von v. Liliencron vermutete
Meuterei statt Machterei. Hiernach dürfte über die Vorzüge
dieses alten Druckes kein Zweifel obwalten, und es bedarf
keiner Rechtfertigung, dass wir ihn unserm Neudruck zu
Grunde legen. Wir geben die Orthographie des alten Druckes
mit sinngemässer Interpunktion und Absetzung der einzel-
nen Zeilen.

Sind schon die vier verschiedenen Ausgaben des Liedes
ein deutlicher Beweis für seine weite Verbreitung und Po-
pularität, so wird derselbe noch dadurch verstärkt, dass
ein Zeitgenosse des Dichters dasselbe in ein Reimgedicht
umgestaltet hat, dessen sonderbare Missverständnisse sich
kaum anders erklären lassen, als wenn man annimmt, dass
das Lied von Mund zu Mund gegangen und so allmählich
in einzelnen Partien bis zur Sinnlosigkeit verunstaltet wor-
den ist. Wir haben diese Umarbeitung, den „Spruch aines
hungeringen Wolffen", unserer Sammlung als Anhang beigefügt.

Zur Erklärung:

Str. 3. Das weisse Ross ist das Wappentier der braun-
schweigischen Herzöge, der Rautenkranz ein Teil des kur-
sächsischen Wappens, der bunte Hund aber der gestreifte

hessische Löwe, der 18, 7 als Katze bezeichnet wird. In einer seiner Streitschriften hatte der Herzog dem Kurfürsten gedroht, er sei bereit, den Rautenkranz, der anfänglich braunschweigisch gewesen, zerreissen zu helfen und einen Fuss davon wieder zum Rösslein zu bringen (Hortleder, Handlungen und Ausschreiben I, IV, 16 § 18).

Str. 5 und 6. Vgl. oben S. VI. VII. Nach der Eroberung des Herzogtums hatten die Verbündeten die Leiche Dellingshausens ausgegraben und kirchlich bestattet. Davon heisst es in einem andern Liede (von Liliencron IV, 189):

> Och Hintze, du hefft vorvolget gades word
> unde doctor Dellinghusen vormordt
> unde to Schening in den wall begraven,
> den heft be chorfürst laten graven up,
> do fand me einen swarten teen in finem kop;
> wat kan he darto feggen?

Und in einem lateinischen Epitaphium (Wernigeröder Bibl. Ri. 278 No. 14) sagt der Dichter von den verbündeten Fürsten:

> Cum saevum iusto pepulissent marte tyrannum,
> **Deprendunt certis facta nefanda notis**
> Inventique pie transferri corporis ossa
> **Atque sub hoc condi marmore lecta iubent.**

Str. 7. Das sächsische Wappen enthält zwei rote gekreuzte Schwerter.

Str. 8. Gemeint ist Herzog Georg von Sachsen, der 1539 starb. Bei der Nachricht von seinem Tode sagte Heinrich: Ei nu wollte ich lieber, dass Gott im Himmel gestorben wäre. Das unbedachtsame Wort wird ihm häufig in den Pamphleten der Gegner zum Vorwurf gemacht.

Str. 9. Christoph, der Bruder des Herzogs, war Erzbischof von Bremen. Das angedeutete Factum ist nicht weiter bekannt, hat sich aber wohl auf einem Zuge gegen den dem Schmalkaldischen Bunde angehörigen König von Dänemark zugetragen.

Str. 10. Der rote Hut und der Scharlach (Str. 11) bezeichnen den Kardinal Albrecht, der als Erzbischof von Mainz ein Rad im Wappen führte. Die Redensart „das Rädlein treiben" klingt noch jetzt in dem Worte „Rädels-

führer" nach. Sollte mit dem schwarzen Schloss die Moritz-
burg in Halle a. S. gemeint sein? Str. 11. Die Wecken bezeichnen den Herzog von
Bayern, wie auch an der betreffenden Stelle der Umarbeitung
am Rande bemerkt ist. Str. 12. Der Adler ist der Kaiser. Das V. 2 f. erwähnte
Factum ist nicht bekannt.

3. Wie der Lycaon von Wolffenbuttel itz newlich in einen Munch vorwandelt ist.

Es sind zwei verschiedene Ausgaben bekannt, vgl.
Weller I, 36 No. 169; II, 502; von Liliencron IV, 174 Anm.

A. Wie der Lycaon | von Wolffenbuttel, itz | newlich in
einen Münch | vorwandelt ist. ; 5 Reimpaare: Lycaon
het Thrannisch ghandelt etc. | B. W. ; Ieremie xiij.
Nunquid mutabit AEthiops pellem suam: & Par-
dus maculas suas? etiam uos poteri= | tis benefacere
qui docti estis ad | malefaciendum. — Am Schluss:
B. W. | Anno M. D. XLII. — 6 Bl. 4º, letzte Seite
leer, o. O. 1542. — Es liegen vor die Exemplare
der Bibliotheken zu Meiningen Hist. III. 110 und
zu Wolfenbüttel.

B. Wie der Lycaon | von Wolffenbuttel, itz | newlich in
einem Munch ; vorwandelt ist. 5 Reimpaare: Lycaon
het Thrannisch ghandelt etc. ; B. W. | Ieremie xiii,
Nunquid mutabit AEthiops pellem suam, & Par= '
dus maculas suas? etiam uos poteritis beneface= .
re qui docti estis ad malefaciendum. - Am Schluss:
B. W. | Anno M. D. XLII. — 6 Bl. 4º, letzte Seite
leer, o. O. 1542. — Es liegt vor das Exemplar der
Wernigeröder Bibl. Ri. 278 No. 17. Nach von Lilien-
cron auch in Wolfenbüttel, aber das dortige Exem-
plar gehört zu A.

Wir legen dem Neudrucke B zu Grunde unter Neu-
gestaltung der Interpunktion. A hat eine Vorliebe für ü,
ohne jedoch konsequent zu sein, bietet schmeichelt, schwantz
neben stange, swartz, schreibt Thierlein, Schöfflein u. s. w. Wir
haben geändert im Gedicht der Titelseite V. 2 Drum, wo

B richtig Drumb bietet; 45 ſchöppfen; 95 f. betrubt — geubet;
107 zeſtört; 139 zu treiben, das doch wohl als einfacher
Infinitiv von thu abhängt; 199 Eſt; 222 nach. V. 141 hat A
laß; 209 gewent, das „gewöhnt“ bedeutet.
Die Veranlassung zu dem Gedicht ergiebt sich aus
dem Briefe Melanchthons an Myconius vom 7. Sept. 1542
(Corp. Ref. IV, 865): Audio nunc Mezentium Ratisponae
in monasterium se abdidisse, unde prodire non audet. Nam
civitatis indicia metuit, quae non vult ei promittere securi-
tatem. Haec mihi heri narravit civis Ratisponensis. Hie-
nach wird das Gedicht in der ersten Hälfte des September
entstanden sein. Dass es nach dem Klageliede abgefasst
ist, erhellt aus V. 118.

Als Lykaon hatte den Welfenherzog schon im Jahre
1541 der unbekannte Dichter des Pamphletes „Drei newe
vnd lustige Gespreche“ (Schade, Satiren und Pasquille I, 99
und Zeitschr. des hist. Ver. f. Nieders. Jahrg. 1850, S. 51)
bezeichnet, ohne ihn jedoch mit dem mordlustigen Arkadier-
könige zu identifizieren.

Ganz ähnliche Gedanken, wie in dem vorliegenden
Gedichte finden sich in Burkards Fabel „Vom hungerigen
Wolfe“ (Esopus von Tittmann IV, 3), ja es kehren sogar
einige Verse fast wörtlich darin wieder.

Zur Erklärung: V. 19 ſich flachen, nach Grimms Wörter-
buche unter flacken so viel wie ruhen, daliegen. — V. 22
zuichunben, noch jetzt im niederdeutschen Dialekt tauschünnen,
anreizen. - V. 93 an alle guten, ohne alle Güte, ohne Er-
barmen. — V. 110 den geil geſchnitten, den Uebermut aus-
getrieben. — V. 126 Sanct Frumholt (Esopus IV, 3, 55) ein
vom Volkswitz geschaffener Heiliger, wie Sanct Rewl im
Wilden Mann V. 299. — V. 127 Sanct Haymeran, das Emmerams-
kloster, eine Benediktinerabtei in Regensburg. — V. 178
Slangen gweber, Schlangenbrut. — V. 199 lawr, schlechter
Tresterwein.

4. Der Wilde Man von Wolffenbuttel.

Zwei Ausgaben des Gedichtes sind erhalten, vgl. von
Liliencron IV, 274 Anm.; Weller, Annalen I, 36 No. 167.

A. Der Wilde Man von ⸴ Wolffenbuttel. | Ieremiæ XVII. Maledictus homo, qui confidit in homine, ⸴ & ponit carnem brachium fuum. 5 Distichen: Abijcit hunc Dñs etc. ⸴ B. W. — 9 Bl. 4°, letzte Seite leer, o. O. u. J., am Schluss: B. W. — Wernigerode Pl. 1760 und Ri. 278 No. 7.

B. Der Wilbe Man von | Wolffenbeutel. ⸴ Ieremiæ XVII. Maledictus homo, qui confidit in homine, ⸴ et ponit carnem brachium fuum. ⸴ 5 Distichen: Abijcit hunc Dominus etc. | B. W. | 8 Bl. 4°, o. O. u. J., am Schluss: B. W. und Verzierung. — Wolfenb. Bibl.

Unserem Abdruck haben wir die Ausgabe A zu Grunde gelegt, welche die ursprüngliche zu sein scheint. Die wenigen Abkürzungen sind aufgelöst, die Interpunktion nach dem Sinne geordnet. B weicht in orthographischer Hinsicht bedeutend ab. Es fehlen darin die Randcitate zu V. 161 und 177. Beide Ausgaben haben û, B mit grösserer Konsequenz. Beide haben bald ü, bald û, ohne jedoch in dieser Hinsicht zusammenzustimmen. Wo wir von A abgewichen, ist nachstehend verzeichnet. A bietet: V. 122 feņne ſtidņ; 170 ʒū; 324 dieß, es bedeutet die es.

Wir haben dieses Gedicht an die vierte Stelle gesetzt, weil V. 302 eine Bezugnahme auf No. 3 zu enthalten scheint. Die fünf lateinischen Distichen des Titelblattes stammen aus einer 1 Bogen ﹖ᵒ umfassende Elegie, von der die Herzogl. Bibliothek zu Wolfenbüttel ein Exemplar, vielleicht das einzige, das noch vorhanden ist, besitzt. Den Inhalt lässt der Titel erkennen: Elegia, quanta daemouis in pios saevitia, quanta vicissim in impios tyrannos ira sit, exemplo Henrici Iunioris ducis(olim)Brunsvicensis ostendens. M.Christophorus Copehenus Erphurdianus. Wir geben die Distichen in der jetzt üblichen Schreibweise und Interpunktion.

Zur Erklärung: V.177. Am Rande 3 Reg., nach der jetzt üblichen Benennung 1 Reg. V. 225. 1 Reg., nach der jetzt üblichen Benennung 1 Sam. — V. 285. Nach Jacobs (Zeitschr. des Harzvereins 5. Jahrg. S. 217 Anm.) ist „oben aus und nirgen an" ein Ruf der Zauberinnen, welche zum Schornstein hinaus oder zum Blocksberg fahren. — V. 286. Contemptor divom Mezentius, Verg. Aen. VII, 648. In dem

vertrauten Briefwechsel der Wittenberger Theologen wird
Herzog Heinrich mit Vorliebe mit diesem Namen bezeichnet.
— V. 29S f. Grimmental, Sanct Rewl, vgl. Lykaon V. 126.
„Der Rewel" statt die Reue auch bei Luther in seinem
Sendschreiben an den Kurfürsten und Landgrafen von dem
gefangenen Herzog von Braunschweig (1545) C 1ᵇ: „hernach
der Rewel allzuschwer, auch vielleicht vmbsonst würde." — V. 303.
ins wild, ins Blaue, in Gelag hinein. — V. 304 f. Die Thaler
des Herzogs führten den Wilden Mann des Harzer Bergbaues
mit der Devise: Iustus non derelinquitur. Vgl. Zeitschr.
des Harzvereins 3. Jahrg. S. 650 ff.; 4. Jahrg. S. 418 ff.;
5. Jahrg. S. 216 ff. — V. 322. Das Citat muss heissen: Joann. 11.
— V. 377. schunben, schünnen, anreizen. — V. 384. jr mütlin brechen,
ihren Sinn brechen, ändern. Der Satz hängt ab von V. 371.
— V. 395 f. Pelz ermeln, wohl Hermelin; hermeln, Wiesel. —
V. 403. Der geschwätzige Häher als spottender Schreier, vgl.
Grimms Wörterbuch unter Häher.

Warhaffte beschrei-
bung/ Der Belegerung vnd
Schantzens vor dem Haus Wolffenbüttel.

Durch die Durchleuchten Hochgebornen
Fürsten' Churfürsten zu Sachssen/ vnd
Landgraff Philipssen zu Hessen.
Gescheen den 9. Augusti/ des
42. Jars.

Der Dichter.

DER Beuttel hat der löcher viel/
    Der Wolff mag lauffen wo er wil.
Der Jeger stet jm fur dem stal/
Schaut das er in die Gruben fal/
5   Denn wird gebeist dem Wolff die haut/
    Wol gepert vnd auch wol durchkraut.
Ob er die Zen nun blecket fast/
    Vnd bitt den Teuffel auch zugast.
Vnd den er jtzund suchen-ist/
10 Sol jn nicht helffen falsch noch list.
Von jtzund an zu keiner zeit/
    Gott der HERR sey auff vnser seit.

Anno M. D. XLij.

Burkard Waldis.   1

Warhafftige beschreibung/ der

Belegerung vnd Schantzens/ für dem Haus
Wolffenbüttel. Durch die Durchleuchten Hochgebornen
Fürsten/ Churfürsten zu Sachssen Vnd Landgraff
Philippssen zu Hessen. (Gescheen den 9.
Augusti/ des 42. Jars.

Lobt seist, Gott, in der Trinitat!
    Wie heimlich fürest deinen Rat!
Langmütig bist, HERR, in deim gwalt,
    Menschliche werck bald hast gefalt,
5 Wie du denn durch dein Maiestat
    Beweisest hoch von gnad zu gnad
Dem Hauffen, die sich dir ergebn;
    Für die streitsts (vnd wilt das Lebn),
Wie du denn reichlich hast beweist
10 Am Narren gros vnd stoltzen Geist,
    Der durch sein scharren vnd sein pochn,
Der durch sein wüten, durch sein fluchn,
    Der durch sein Brennen, durch sein tobn,
    Der durch sein schmehen nicht zu lobn,
15 Der doch die fromen Fürsten hoch
    Gelestert hat mit schand vnd schmach,
Wider sein gwissen, eid vnd pflicht
    Gehandelt hat vnd böslich dicht.
Derhalben du, mein lieber Gott,

nicht den ... vnd spott.

...

Denem, der dich ehrt vnd preist.

Derhalben ichs nicht lassen kan,

...

Ausgrichtet hat in diesem Krieg.

Bol Teuffels list ein böser Geist,

Als er die Fürsten hoch geborn

30 Geleitet hat zu grossem Zorn

Mit Ehr abschneidung manigfalt,

Mit bösen listen vbel gstalt,

Also das zu der gegen Wehr

Ist auff gebracht ein grosses Hehr:

...

So glimpflich vnd in der gestalt,

Das auch den Feinden algugleich

...

Zu Gnaden sich begeben hatt,

...

Das er den ersten tritt in die Stadt,

Zum ersten er besuchet hat

...

Den Teuffel auch getriben draus,

...

Singen ließ zu Lob vnd Ehrn:

...

...

Arnach das Heilig Göttlich Wort

...

da ist man gerücket fort,

... get wol an manchem ort,

55 Alſo das ſie, all Fleck vnd Stedt,
    Mit vnterthenigem Gebet
An beide Fürſten ſich ergebn,
    Damit gefriſtet Leib vnd Lebn,
Haus vnd Hoff vnd alles gut.
60   Vnd das noch manchem zorn thut,
Welches wir doch achten nicht ein meidt,
    Gelobt ſey Gott in ewigkeit,
Der die Gottloſen ſtürtzen kan.
    Sein beſtes Haus das griff wir an
65 Vnd das do heiſſet Wolffenbüttel;
    Beim Hund do lag ſchon der Knüttel.
Der neund Auguſtus was der tag,
    Da man manch Büchſſen füren ſag
Ja für das ſelbig feſte Haus.
70   Gar dapffer ſie ſich wehrten draus
Vnd hofften ſehr auff jrn Herrn,
    Der würd ſie all entſetzen wern
Mit Haſen füſen vnd mit Speck:
    Das Haſen baner das war weck.

75 BV morgen hub wir ſchantzen an,
    Was bey der nacht nicht ward gethan.
Darnach da ward gantz nach der dick
    In die Schantz gefürt gar manich ſtück.
Der Churfürſt hub den Reien an,
80   Landgraff des gleich, ſolt jr verſtan,
Mit Trumeten vnd der hehr Paucken.
    Darnach do lies wir hinein gaucken   [A iij·]
Das Geſchütz in einem Fewer fort:
    Der from Landgraff ſehr ward gehort.
85 Ein Thurm fellt wir beider ſeit,
    Das die im Schlos gantz wenig freud.
Darnach durch das gantze Haus
    Ward geſchoſſen ſehr durch aus vnd aus:
Doch hetten die im Schlos zuuorn
90   Heimlich auffgemacht jr ſtarcke Thor,
Fielen dem Landgraff in die Schantz,
    Da hub ſich erſt ein ſeltzam Dantz,

Manch ehrlich Man erstochen ward,
Vnd das. verdros die Fürsten hart,
95 Blieb des halb nicht vngerochen,
Vnd wurden wider nein gestochen.
Auch hat man jr wider nicht gfelt,
Das har zerzaust vnd wol gestrelt.

AM Freitag hub man wider an.
100 Mit frewden liessen hinein gon
Mit fewer vnd mit stücken gros,
Ein jeder mercket seinen schos,
Vnd hielten die ins Schlos so lang
Vnd machten jnen also pang:
105 Rachen die warn erstochen,
In die Keller han sie sich verkrochen;
Denn sie solch gwalt nicht mochten leiden,
Ir hoffnung was in kleinen freuden.
Derhalben auch viel armer Leut
110 Die fielen raus vmb Vesper zeit,
Gaben auch viel der Frid zeichn,
Damit sie gar thetten erweichn   [A iij^b]
Den fromen Fürsten jr gemüt,
Das sie zu gnad vnd in der güt,
115 Zu gnad sag ich, sind auffgenomen.
Darnach do hört man wider prommen
Die grossen stück den selben tag.
Im Schlos da hub sich not vnd klag.
Den selben abent in der nacht
120 Da haben sie ein Lermen gmacht,
Da meinten wir, sie fielen raus
Vnd wolten theilen Kappen aus.
Do lag jn doch ein anders on,
Ein jeder dacht: Wer ich dauon!
125 Da nun der tag anprechen thet,
Ein jedes stück sein Meister hett,
Die zünten sie mit ernst an,
Vnd liessens wider hinein gon
Und nöten sie den selben tag,
130 Das sie begerten halten sprach.

Das auff jr vielfeltige bitt
Furwar auch ist versaget nit.

135 WAs nu darin gehandelt ist,
Ist mir zuschreiben vnbewust,
Begers auch nicht, vnd ob ichs wóst,
Sagt ichs doch nit. Das Haus was fest,
Das ward den tag gegeben auff.
Ein jeder meint, er wolt darauff,
Das manchem hart verpoten war;
140 Doch welch gelitten hetten fahr,
Den wurde es gantz wol vergunt.
Wolt, das ein jeder wol verstund,   [Bl. 4ª]
Wie Gott der HERR so wunderlich
Hat geben vns so bald den Sieg
145 Gegen diesen Thrannen gros.
Der Teuffel ist jr Bund genos,
Der hat jn auch gelonet recht,
Gleich wie der Hencker thut seim Knecht.

DEr gleichen sol in diesem fall
150 Jnen gescheen alln zumal,
Vnd die das Heilig Góttlich Wort
Verachten vns, der gnaden Hort.
Derhalben ist mein trewlich bitt,
Diese Straff wóllst verachten nit
155 Vnd das zu einer warnung han,
Was Gott gewürckt vnd hat gethan.

VND so du hast den Spruch gelesn,
Wiss gwislich, werst dabey gewesn,
Vnd da also die Búchssen kracht,
160 Hetst wol als weng als ich gelacht.
Hiemit geb ich dem Spruch ein endt
Und bitt darneben alle Stendt,
Das sie das heilig Góttlich Wort
Ehren wollen jmer fort,
165 Halten das in trewer pflicht,

Brüderlich lieb verachten nicht,
Vnd einer thu, was er nur wolt
Im von dem andern geschen solt:
So wird vns Gott auff vnserm theil
170   Gnad geben vnd auch glück vnd Heil
Durch Geistes gab vnd seinen Namen.
Wer das beger, sprech mit mir AMEN.

B. W.

Hertzog Hein-
richs vō Braun
schweigs klage Liedt.

Holzschnitt.
(Wappen des Papstes Paul III.)

Jch ſtundt an einem Morgen
    Heimlich an einem ort,
Da hett ich mich verborgen,
    Jch hort Kleglihe wort
Von einem Wolff, der klagt ſich ſehr,
    Wie jm ſein Neſt verſtöret,
Sein Balck zurriſſen wer.

2. O weh mir armen Gwelffen,
    Wie iſt mein nodt ſo groſz!
Will mir kein Freundt jtzt helffen?
    Wie ſteh ich hie ſo bloſz!
Auff die ich mich vorlaſſen han,
    Sein all von mir abtretten,
Find nicht ein trewen Man.

3. Jch hett mich hoch vermeſſen
    Vnd war gar viel zu kün,
Docht, mein Roſz ſolt han gfreſſen
    Den Rauten Krantz ſo grün,
Den bundten Hundt zerriſſen gar,
    Lewen und Bern verſchlungen
Alſambt mit haut vnd har.

4. Drumb liſz ich mich faſt ſehen
    Mit Ritterlicher that,
Mit ſchenden [A ijᵃ] vnd mit ſchmehen,
    Mit liſt vnd falſchem Rath,
Mit lügen vnd vorreterey,

Stifft bey mein Bundgenoſſen
Viel heimlich Meuterey.

5. Man ſagt, ich hab mit Brennen
   Vnd Mord viel ſchaden than,
   Mit rauben, vberrennen
   Beſchedigt mannigen man:
   Das klagt beid Goſslar vnd Braunſchweig,
    Zu Pleſs der Eſeltreiber,
    Zu Eimbeck Heinrich Deick.

6. Zum Berlyn Simon Fincken
   Vber mich gſungen hat.
   Zu Schening liſs vorſincken
   Wol in den Wall, vorſtath,
   Doctor Delingshauſen gnant,
    Der iſt jtzt auffgegraben
   Vnd warhafftig erkant.

7. Zwey ſchwerter ſahe ich glüen
   In einem Feur gar heiſs,
   Der Rauten Krantz wolt blüen,
   Gar bald brach mir der ſchweiſs;
   Der Lew zog neben jm daher,
    Ich erwiſcht das Haſen Baner,
   Meins bleibens war nicht mehr.   [A ij^b]

8. Ein Vater het erkoren
   Dort oben an der Elb,
   Hat mir ein Eid geſchworen,
   Er wolt mir helffen ſelb.
   Baldt ward er nicht geſehen mehr:
    Ich wolt, das Gott im Himmel
   Für jn geſtorben wehr.

9. Ich bath mein langen Bruder,
   Ders Waſſer tretten kan,
   Das er zurück ſein Ruder
   Vnd brecht ſein Segel an

Vnd fürd sein Schifflein in den Sund:
Da wars im hwy versuncken
Am Schagen in den grundt.

10. Bald thet ein Briefflein schreiben
Auff einen Roten hudt,
Er wölt sein Redlein treiben,
Das meine sach würd gut:
Da bleib ich aller hülffen loſs,
Denn er muſt selbſt entrinnen
Von seinem schwartzen Schloſs.

11. Scharlach kan mich nicht decken,
Breit hüt fürm heiſſen schein.
Ich weiſs gut frische Wecken,
Da will ich beiſſen ein,
Das ich meins hungers [A 3ᵃ] werd ergetzt;
Ihr Pferd han sie gesattelt,
Ihr Spies vnd schwerd gewetzt.

12. Die lieſſen mich auch in sorgen.
Vmb Gleib den Adler badt:
Da muſt ich frü am Morgen
Gar heimlich aus der Stadt.
Ich sand kein trost gantz vberall,
All welt hett mich verlaſſen,
Doch tröst mich Belial.

13. Er sprach: Laſs dich nicht bempfen,
Du trewer Diener mein,
Wölleſt Ritterlich kempfen,
Ich will stets bey dir sein;
Der Bapst hat noch viel gelt vnd Gut,
Den will ich dahin treiben,
Das er dir helffen thut.

14. Da nam ich Harnisch, Waffen,
Mein Schwerdt vmb mich gegürdt,
Sprach: Laſs ein wenig offen,

Pluto, mein lieber Wirdt,
Gar bald ich wider zu dir kum;
Der Bapst hat aus geschrieben
Ein new Concilium.

15. Doch hab ich mich keins guten
[A 3ᵇ] Zum Bapst vnd meinem Gott
Hin fürbas zu vermuten,
Weil jtzt all Welt jr spot
Mit jnen treibt vnd gar verflucht,
Scheltens für grosse Narren,
Wehr hülff bey jnen sucht.

16. Ach das jtzt noch wolt gelteu,
Wie vormals in der Welt,
Des Bapst Fluch, Bann vnd schelten
Vnd Brieff, die man vmbs gelt
Verkaufft, so wolt ich mich noch wern,
Die Luttherischen Buben
Vnd Ketzer mores lern.

17. Mann sagt mir einst ein possen,
Beim menschen wehr kein heil,
Solt mich nicht drauff verlossen,
Die schlügen alle feil,
Vnd wehr kein glaub auff Erden mehr:
Jtzt werd ichs selber jnnen,
Empfinds auch all zu sehr.

18. Ich traut auff Wolffenbüttel,
Mein starck vnd festes Schloss:
Jtzt hilffts mich nicht ein Tüttel,
Dazu mein weisses Ross,
Dahinder ich zu fus mus ghan,
Die schwerter hants [Bl. 4ᵃ] zerhawen,
Die Katz frist jtzt dauon.

19. Cain, du Fürst der Welte,
Dich ruff ich jtzund an,

Phaaro, du ſtarcker Helte,
   Auch Saul, du theurer man,
Achitophel, du trewer Rath,
   Abſolon vnd Semei,
Ewer gleich man jtzt nicht hat.

20. Nero, Domiciane,
   Euch folg ich willig nach;
Caligula, Juliane,
   Jr ſtrebt allzeit nach Rach;
Bey euch ich Ewig bleiben muſs,
   Helfft, das ich müg erlangen
Am end des Judas buſs.

21. Dabey laſs ichs jtzt bleiben,
   Weil ich nicht weiter kan.
Was ſie reden vnd ſchreiben,
   Muſs ich geſchehen lan.
Damit beſchlies ich das gedicht:
   Kan ich mich aber rechen,
So laſs ichs warlich nicht.

Wie der Lycaon

von Wolffenbuttel/ itz

newlich in einen Munch
vorwandelt ist.

Lycaon hat Tyrannisch ghandelt/
  Drumb wart er in ein Wolff vorwandelt
Darnach vil schoff vnd Lammer bissen/
  Drumb hat man jm sein Nest zerrissen/
Itz laufft er dhin hewlen vnd klagen/
  Findt doch kein hulff/ vnd muß vorzagen/
Weils hinder jm stinckt/ vnd vbel reucht.
  In ein Munchs kappen sich vorkreucht/
Zu bekern von seinen sunden allen.
  Wers glaubt/ dem muß die Naß entfallen.

B. W.

Ieremie XIII,

Nunquid mutabit AEthiops pellem suam, & Par=
dus maculas suas? etiam uos poteritis beneface=
re qni docti estis ad malefaciendum.

Wie der Lycaon von Wol=
ffenbuttel/ Itznewlich in eynen
Münch vorwandelt ift.

SEht, lieben freund, was wir da hon:
   Ein newe Transformation,
   Ein wunder feltzam Creatur,
   Gemacht aufferhalb der Natur,
5 Des gleich man nit in Lybia,
   Noch in dem land Taprobona
   Reins ficht, auch nit im land AEgipten,
   In hülen, löchern, noch in kripten,
   Des gleich kein kauffman nummer brengt,
10 Vnd wirt keim Künig folchs gefchenckt.
   Dan da die welt erft gfchaffen wart,
   Ein ydes thir nach feiner art
   Durch das wort Gots herfur wart bracht
   Vnd durch die ewig weiffheit gmacht,
15 Da warn folch thyr nicht auff der Erden,
   Wie itz bey vns gefehen werden,
   Sondern, nach dem der Vall gefchach,
   Da volgt bald alle Sund hernach,
   Darunder fich der Teuffel flacht,
20 Veil vnglucks vnd veil vnriw macht,
   Wa etwen einer lag in Sunden,
   Thet er zufchuren vnd zufchunden.
   Wer viehifch vnd vnmenfchlich handelt,
   Der wart bald in das thir vorwandelt,
25 Wolchem er gleich vnd gemeis het glebt, [Bl. 2ᵇ]

Des eygentschafft gar an jm klebt;
Wurden die lewt zu Hund vnd Katzen,
Zu Slangen, Froschen, Mews vnd Ratzen;
In Eszel, Ochssen, Lewen, Beren
30 Thet sichs gar wunderlich verkeren;
Gar seltzam gschefft sahe man sie treiben,
Wie die Poeten dauon schreiben.
Da war auch zu den selben zeiten
Lycaon kunig vndern leutten,
35 Der stellet sich gleich wie die frummen,
Die frombden lewt liesz zu sich kummen,
Gebar gleich wie ein frummer wirt,
Die Pilgerim zur herberg furt,
Sie wern von nahet aber fern,
40 So bherbergt er sie alle gern,
Gab jn zu nacht ein guttes mol,
Zu bet bracht er sie alle woll,
Darnach stund auff vmb mitternacht,
Die geit ermordt, erwurgt vnd slacht,
45 Ir blut liesz in eim gefesz auff schöpffen
Das menschen fleisch kocht in den töpffen,
Mit Saltz vnd gwurtz beim fewr gesotten,
Etlichs wart an den spissen gbrotten,
Da mit darnach die andern speist,
50 Den er solch vntrew auch beweiszt.
Solchs trib er lang, manch jar vnd tag,
Daraus eruolget grosse clag.
Nu warn das mal die alten Heyden
So weit vom rechten Gott gescheiden,
55 Das sie die Stern vnd die Planeten,   [A iijᵃ]
(Wie solchs beschreiben die Poeten,)
Auch Son vnd Man fur Gotter achten
Vnd teglich newe Gotter machten.
Vnder den allen hetten sie einen,
60 Dem vorgleichten sie der andern keinen,
Der war der andern Gott vnd Herr,
Vnd nenten jn den Jupiter.
Dem war der Hymel eingethan,
Das er auff als solt achtung han,

65 Gut, bols, was hie geschehe auff erden,
   Von im belohnt vnd gestrafft mocht werden.
   Als er nu..oben in seim Himel
   Hoert solch geschrey vnd gros getummel,
   Stieg runder, das er selb wolt sehen,
70 Ob auch die bosheit wer gescheen,
   Vnd gab sich vor ein Pilgrem aus,
   Kam zum Lycaon in sein Haus.
   Der stelt jm wie den andern nach.
   Da erzürnt Jupiter zur rach,
75 Vom Himel warff blitz, donner, fewr
   Auff diesen Mörder vngehewr,
   Verbrent sein gantzes hausgesindt.
   Der Lycaon jns velt entrint,
   Verflucht jn Jupiter zur fart,
80 Das er von stund zum Wolffe wart,
   Sein sprach vorwandelt in das hewlen,
   Gwan augen wie die grossen ewlen,
   Aussn armen wurden wolffesbein,
   Warn oben dick vnd vnden klein,
85 Aus ydem finger wart ein kloe,   [A iijᵇ]
   Sein kleyder wurden alle groe,
   Zerhudelt, blib kein stuck nit gantz,
   Wart locken vnd ein Wolffes swantz,
   Das er an gstalt, mut, hertz vnd syn
90 Lieff wie ein ander Wolff dahin.
   Vnd wie er zforn war frech vermessen,
   Das er het Menschen gmordt vnd gfressen,
   Thet er nachmals an alle guten
   · Mit morden in die Thirlin wutten.
95 Der hat er veil hertzlich betrubt
   Gros Thranney an jn geubt,
   Vnangsehn das sie warn vnschuldig
   Vnd in vorfolgung gar geduldig,
   Veil Lemmer vnd manch fromes schoff
160 Hingricht mit vnbillicher stroff,
   Mit brennen, morden, steelen, rawben,
   Mit fridbruch vnd letzung des glawben,
   Bils das die arm verlassene herdt

2*

Geschrigen hat vnd hulff begert
105 Da sein zwen frumme Hirten kummen,
Han sich der Schöflin angenummen,
Dem Wolff sein starckes Nest zerstört,
Den raub austeilt vnd weggefurt,
Vnd ist der Wolff selb kaum entritten,
110 Sonst hett man jm den geil geschnitten,
Vnd geht der arm verlassne Tropff
Verzagt dahin vnd hengt den kopff,
Sucht hulff bei seinen Bund genossen,
Auff die er sich hat stets verlossen,
115 Vnd sind doch keinen trost bey keim,   [Bl. 4ᵃ]
Er klopfft, da ist niemand da heim,
Vnd muß an allen gar vorzagen,
Wie er auch in seim Lied thut clagen.
Als er nu keine hulffe findt,
120 Da wirt er bald anderst gesint,
Kert sich zu stundt von seim vornehmen,
(Des er sich lang het mügen schemen,)
Sein leben denckt zu Reformeren
Vnd sich von Sünden zu bekeren,
125 Ablassen vom wutten vnd toben
Vnd zu Sanct frumholt sich geloben.
Gein Regenspurg zu Sanct Haymeran
Zeucht er ein Munches kappen an,
Solch leben lest ym gfallen woll;
130 Das man den Ernst auch sehen soll,
Vnd das fur gwiß auch halt eyn yeder,
Stelt sich gleich wie die andern brüder,
Vorgleicht sich yn mit allem wesen,
Mit morren, betten, singen, lesen,
135 Mit sawrsehen, knyen vnd bucken
Vnd all der gleich Geistlichen stucken;
Obs aber gehe vom grundt seins hertzen,
Aber ob er thu zum spot vnd schertzen
Mit spiegel fechten vns zutreiben
140 Vnd im finstern ein aug verkleyben,
Das lasse ich mich ein andern lern,
Vnd wirts die zeit wol selbs erklern,

Vnd ichs sunst nit wol glauben kan,
Vil vrsach halten mich dauon.
145 Im sprichwort sagt beid alt vnd iung: [Bl. 4ᵇ]
Ein Munch macht die vorzweynelung,
Vnd wan der Wolff ist in den Nöthen
Vnd sich besorgt, man mocht jn thöten,
So thut ers fleisch essen verloben,
150 Wöll wurtzeln aufs der Erden graben,
Damit des hungers sich mug weren,
Im sweiß seins angesichts erneren;
So bald er aber findet raum
Vnd dem vngluck entkummet kawm,
155 Schreyt er: Lamb! lamb! tragt ymmer her!
Vnd volgt seines Vatters art vnd ler.
Damit man offt den frummen btreugt,
Wo man jm smeichelt vnd vorleugt,
Der sich durch frummen schein vnd gleissen
160 In guttem glauben leßt bescheissen.
Vnd ist daran zu wundern nichts.
Kan sich doch zum Engel des lichts
Der Sathan kunstlich Transformeren,
Wie vns Sanct Paulus solchs thut leren.
165 Ja wan wir nit gewarnt wern worden
Fur den, die sich in Schoffes Orden
Mit list vnd trygerey vorstecken,
Den Schalk mit frumkeit wollen decken,
Den Wolff in Lemmer vell vorkleyden,
170 So wern wir itz noch wie die Heyden,
Wurden vorgleicht den frummen leutten,
. Die bey des herren Christi zeiten
Angesehen wurden fur ein wunder,
. Nit waren, wie die andern, Sunder,
175 Vnd wurden doch vil anderst gnent [B ᵃ]
Von dem, der alle hertzen kent,
Als heuchler, gleißner, gtonchte greber,
Ottern gezicht vnd Slangen gweber,
Blinden leitter, Gotloß buben,
180 Die alles furn ins Teuffels gruben.
Der schad hat vns gelert itz das,

Das wir vns wissen zhütten baß
Fur solchen gsmitzen frummen gsellen,
Die sich von aussen anderst stellen,
185 Dan sie jnnen im hertzen fuelen,
Der schalkeit vnderm hutlin spielen;
Doch ist der Beer zkennen beyn tatzen,
Der Lew bein kloen vnd beim kratzen:
Bey vielem gsmetz kent man den thoren,
190 Den Essel bey den langen ohren,
Vorbirgt er dan beyd ohrn vnd pfroten,
So singt er doch die Essels Noten,
Thut sich offt selb beym namen nennen,
Das Jka lert den Essel kennen.
195 Noch eins ich hie anzeigen sol,
Vnd lerts erfarnheit selber wol:
Was man gewst in ein newes vaß,
Dauon es wirt zum ersten naß,
Es sey gut, bös, weyn aber lawr,
200 Darnach smeckts stets suß aber sawr,
Behelt biß an den letsten tagk
Den aller erst entfangnen gsmagk.
So ists auch von den menschen gthan:
Wes er sich erst nimbt fleissig an
205 Vnd in der Jugent wirt gelert   [B b]
Vnd von seim Meister informert,
So lebt er dhin in seim gedöß,
Gott geb, es sey gut aber böß.
Hat er sich gwendt zu kunst vnd zucht,
210 So gibt er auch dermassen frucht.
Von disteln wirst kein feigen klawben,
Auch von den dornern keine drawben.
Jeremias sagt auch lang zuforn,
Gleich wie man einem swartzen Morn
215 Sein angeborn hawt nit kan vorhandeln
Noch dem Pard sein flecken vorwandeln,
Der massen kunnen auch die bösen
Sich von jr bösheit nummer lösen,
Es bleiben stets der sunden flecken
220 Jm gwissen biß ans end bestecken;

Dan art ſlecht nummer aufß der art,
Kein rab noch nyr zum falcken wart,
Waß fleiſſig inb natur iſt gſchriben,
Das wirt nit leichtlich aufßgetriben.
225 Drumb woln wir itz auch faren lon
Solch triglich Transformation;
Dan offt ſteckt in eim Schoffeß balgk
Ein reiſſenb Wolff vnb boſſer ſchalck,
Vnb bieſen Spruch hie mit beſliſſen.
230 Deß Sprichworts laſt euch nit verbriſſen,
Wolchß vnß ſo hofflich vnb ſo fein
Thut warnen furm gleiſſenden ſchein:
Glaub keinem Wolff auff wilder heid   [Bl. 6ᵃ]
Vnb keinem Juden auff ſein Eyd
235 Vnb keim Papiſten auff ſein Gwiſſen,
Du wirſt von allen dreyen bſchiſſen.

A M E N.

EPIGRAMMA.

Hic, ubi Danubii gelidas habitatur ad undas
Urbs vetus, a posita quae Rate nomen habet,
Pauper et eiectus patria dicione tyrannus
Tempora cum monachis pigra Lycaon agit.
Iam verum est, monachum quod desperatio reddat,
Effugii ratio proxima restis erit.

B. W.

Anno M. D. XLII.

Der Wilde Man von Wolffenbuttel.

Abiicit hunc Dominus, qui spem temerarius omnem
   Credit in humanis viribus esse sitam.
Iure Panomphæus maledicit cuilibet, ipsi
   Qui sibi posse putat ferre salutis opem.
En exempla tibi, si forte exempla requiris,
   Plus quibus hoc dictum lucis habere putas.·
Efferus hic firma validaque tyrannus in arce
   Haud sibi vi quemquam credidit esse parem:
Is nunc exsilio quid sit cognoscit egestas,
   Cum patris expulsus sit dicione sui.

B. W.

Der Wilde man von Wolfenbuttel.

HJe fiht man wol, wie war es ift,
    Als man in dem Propheten lißt,
    Da Gott durch Jeremiam fagt,   Iere. 17.
    Vber fein volck fo hefftig klagt:
5 Vormaledeiet vnd vorflücht
    Sei der menfch, der beim menfchen fucht
Troft, heyl, alleyn fein hoffnung fetzt
Auffs Fleyfch vnd fich daran ergetzt,
Nür auffs zeitlich vnd irdifch fchawt
10 Vnd alleyn darauff trawt vnd bawt,
Auff menfchlich hilff alles wagt;
    Vnd doch, die weil fein hertz verzagt
An Gott, dem er alleyn fein fachen
    Befelhen folt vnd jn lan machen,
15 So begint er von jm abzuftellen,
    Verleßt alfo die lebend quellen,
Das waffer vnd den brun des lebens,
    On den funft alles ift vergebens,
Der in den frummen hertzen quilt,
20 Den durft vnd alles vnglück ftilt,
Daraufs er alzeit troft folt fchöpffen,
    Damit er möcht fein kommer ftöpffen,
Vnd laufft die weil zun trucken Teichen,
    Die jm keyn waffer mögen reychen,
25 Von den er keynen troft mag haben,
    Damit im Durft fein hertz zu laben   [A 2ᵇ]

Vnd sich in hitz des onfals külen,
Sondern den stetten dorst müß fülen,
Vnd geht jm wie dem Tantalo,
30 Der ward der öpffel nimmer fro,
Die schön ond lüstig vor jm stunden,
Jdoch in einem hwy verschwunden,
Wan er zu essen jr begert;
So war jm nicht eyn biß beschert,
35 Noch das wasser, darinn er schwam,
Jm nit zu nutz noch frummen kam.
Also greifft er auch allzeit feyl,
Keyn artzney kan jn machen heyl,
Vnd endtlich, wans zun zügen kumpt,
40 Jst niemand, der sich fein annimpt.
Dan muß er in der yrr omb wandern,
Laufft hie zu eym ond dort zum andern,
Mit bösem gwissen hin ond wider,
Auffs letst sitzt nebem stül darnider.
45 Salomon spricht des selben gleichen
Von kleyn ond grossen, arm ond reichen,
Von kindern ond den alten greisen,
Von den thoren, auch von den weisen,
Von den weltfrummen ond gelerten,
50 Auch von den bösen ond verkerten:
Alles, was ist onder der Sonnen,
All irdisch wollust, freüd ond wonnen,
Gelt, gut, reichthumb, all sterck ond macht
Vnd als, was menschen han erdacht,
55 Auß jrer sinligkeyt erticht,   [A 3ᵃ]
Jst alles eitel, ond lauter nicht;
Angst ond bekümmernis des hertzen
Gebirt mir eitel sorg ond schmertzen;
Des Geystes stachel, pein ond plag
60 Stets schrecken, nimmer trösten mag.

WEil dem so ist, wie gehts dann zu,
Das ytz solch mühe ond groß onruw
Jst eben die zeit in der Welt?
Eyn yeder so vil dauon helt,

65 Das man auff gůt vnd zeitlich ehr
   Yetz trotzt vnd pocht so wunder sehr,
   Auff eygne gwalt, sterck, weißheit, krafft
   So gar verstürtzt vnd hart verhafft,
   Sich auff sich selb vorleßt vnd trawt,
70   Auff elend Schwacheyt groß ding bawt,
   Auff Keyser vnnd auff Künig groß,
   Auf Fürsten, herren vnnd jr gnoß
Vnd auff gewaltig Potentaten,
   Bapst, Cardinál, Bischoff, Prelaten,
75 Auff Stet vnd Schlösser, Thürn vnd Maurn,
   Die doch für gwalt nicht mögen dawrn.
   Die irdisch macht so hoch auffmutzt,
   Mit jrer klůgheyt ziert vnd putzt,
   Zů roß, zů fůß, mit harnisch, wehr
80   So prechtig, trutzig zeucht daher,
   Mit Büchssen vnd vil schwerem gschütz,
   Mit schweffel, fewr, rauch, donner, plitz,
   Kugeln von eisen vnd vom blei,
   Puluer vnd aller Artlerei,   [A 3ᵇ]
85 Mit mörsern, bölern vnd Tormenten
   Vnd andern grewlich instrumenten,
   Dringt rein so gwaltiglich, das kracht
   Vnd den Erdboden zittern macht.
   Ob solcher schrecklicher gewalt
90   Vorwundert sich beyd jung vnd alt.
   Daneben kumpt die welt weißheyt,
   Die sich in hoffart hat verkleydt,
   Vnd sich zur grossen gwalt geselt,
   Sehr prechtig vnd gar tapffer stelt,
95 Alles, was sie auff erden sicht,
   Vnd was vnder der Sonnen gschicht,
   Kan alles örtern vnd außecken,
   Den hasen spürt durch alle hecken,
   Gar auffgeblasen hoch her fert,
100 Als hets all bücher außgelert,
   Vnd meynt, es sei nichts in der welt,
   Auch im hymel so hoch gestelt,
   Das sie nicht alles konn außgründen,

On liecht im finstern alles finden,
105 Eyn glatten Ael beim schwantz kan halten
Vnd in vier teyl eyn härlin spalten,
Das graß hört auß der erden wachssen,
Steckt vier reder an eyne achssen,
Thut als mit gdancken vnd mit trewmen,
110 Kan vnderm schwantz das rößlin zeumen
Vnd ist so spitzig wie eyn nadel,
Findt am besten den grösten tadel,
An der bintzen eyn knotten sücht,
Das böse lobt, das gut verflücht,   [A 4ª]
105 Mit krumkeyt kan sich fornen schmucken,
Ist doch gar tückisch hinder rucken;
Wans eym wol geht, gibts guten raht,
Felt wider ab, wans vbel gaht,
Vnd were sie noch eynst so spitzsinnig,
120 Wirts doch im vnglück gar abtrinnig;
Im glück ists starck, im vnglück siech,
Reißt allzeit auß, helt keinen stich
Vnd ist auff allen seiten schwach,
All vnglück, jamer hangt jr nach.
125 In summ, wo mans zur warheyt helt,
Außricht vnd vor die augen stelt,
Schawts recht an vnd helt hinzu baß
Das Richtscheid vnd das winckelmaß,
So sind sichs, das die gröst weißheyt
130 Ist nichts anders dann groß thorheyt,
Vnd ist die selbig weißheyt klug
Nür thorheyt vnd des Teuffels trug,
Die aller thorheyt mutter ist,
Wie man inn büchern klerlich lißt.
135 So ists auch vmb menschlich gewalt.
Wer sie noch stercker tausentfalt,
Vnd stünd all welt für eynen man,
So ists doch bald vmb sie gethan.
Weil sie sich selb für mechtig acht,
140 Gots werck daneben nicht betracht,
Auß trutz vormißt sich alzuuil,
Vorgißt des worts: IA, OB GOT WIL,

So ist jr sterck vnd macht hinwegk,
Vnd leit die krafftloß gwalt im dreck;   [A 4ᵇ]
145 Weils nicht auff Gottes hülff gestelt,
Ye höhers steigt, ye tieffers felt,
Ist gar vngewiß vnd widerwendig
Vnd wie das wetter vnbestendig;
Stehn bei den freunden wie die hasen
150 Vnd sind schlecht lehre wasserblasen,
Gleich eym rhor, welchs am wasser steht,
Das der wind hin vnd wider weht.
Dan diß solln wir gar fleissig mercken:
Wo Gott von innen nicht thut stercken,
155 Dem menschen gibt eyn grossen müt,
Das ers on forcht vnd frewdig thüt,
Vnd schafft in jm eyn frölich hertz,
Ist aller ernst eyn lauter schertz,
Da felt der müt vnd manlich that,
160 Vnd schreckts eyn dürres rauschend blat.
Der Cain vns des kuntschafft sagt,   Gen. 4
Da er an Gottes gnad verzagt,
Wendt sich, Gotts angsicht nicht wolt sehen,
Floch dauon, sprach: Nun wirts geschehen,
165 Das yder, wer mich find vnd sicht,
Ermord, erwürg vnd mich ersticht.
Dan so hats Gott alzeit gehalten
Von anbegin als bei den alten,
Das er sein feind vnd sein verächter
170 Der welt gmacht hat zu spot vnd glechter;
Wan er jrn müt vnd hertz hin nam,
Zittern vnd zagen sie ankam,
Vnd zugen bald die pfeiffen ein;
Wan jn die hertzen wurden klein,   [B ᵃ]
175 Erlegen war jr scharn vnd pochen,
Sie weren wol in eyn meußloch krochen.
Da Benadab, der Syrer künig,   3. Reg. 20
Erzürnt, vom Achab ward abtrinnig,
Welcher regirt Samariam,
180 Geboren war auß Josephs stam,
Schickt er zu jm sein hofgesind:

Sein silber, gold, sein weib vnd kind,
Vnd was er het, solt er jm geben,
Wolt sunst Achab nit lassen leben,
185 Auch keynen ·menschen von den seinen,
Vnd das ers ernstlich würde meynen,
Bei seinen Göttern jm das schwůr.
Da strafft jn Gott von stund dafür:
Zweyhundert zwey vnd dreissig knaben
190 Sein gröstes heer geschlagen haben,
Sein wagen, reüter, roß vnd Man,
Das Benabab gar kaum entran;
Achab jagt nach mit aller macht,
Gewan das mal eyn grosse schlacht.
195 Der gleich hat Gott zů allen zeitten
Den seinen auff der andern seitten,
Wan sie auß forcht geschlagen nider,
Gesterckt vnd auffgeholffen wider,
Wan sie gerůffen vnd geschriehen,
200 Macht er jr feinde für jn fliehen,
Halff oben rab auß hymels krafft,
Beweißt an jn sein meysterschafft,
Sie offt zum sieg vnd freuden bracht
Vnd herlich für der welt gemacht.   [B ᵇ]
205 Laban auß Mesopotamia   Gen. 31
Erzürnet sehr, jagt Jacob na,
Esau ließ sich des gleich bewegen,   Gen. 32
Im grimm zoch er jm auch entgegen,   & 33
Jhr mütlin beyd an jm zu kühlen.
210 Bald Jacob disen ernst ward fülen,
Sahe sie sich feindtlich an sich rüsten,
Jr pochen, drawen vnd auffbrüsten,
Kert sich zů Gott in seim gebett,
Der jm von stund auch hülffe thet,
215 Den feinden gund das hertz zulencken,
Das sie nichts böses thursten dencken
Wider den Jacob vnd die seinen,
Musten sich beyd mit jm vereynen,
Nur eitel freundtlichs mit jm reden
220 Vnd jn gleytten in gůtem freden.

Da Saul abfiel, Gott nicht mehr ghorcht,
Vnd Dauib für jm flohe auß forcht,
Das ern erwürget, jm nach jagt,
Da macht jm Gott das hertz vorzagt,
225 Das er für Dauib selber floch,   1. Reg. 24
Ließ ab, das ern nicht vberzoch,
Vnd mußt bekennen offentlich,
Sprach: Dauib ist fromb mehr dan ich.
Ja, wan ich wolt Exempel brengen
230 Vnd damit dise red vorlengen,
Fünd ich jr wol mehr dann Sechshundert,
Darob man sich stets hat verwundert,
Wan solch geschichte sein geschehen,
Wie in historien ist zusehen.   [B 2ᵃ]
235 Wie offt hat der Gotloß gepucht,
Wan er war in seim sinn verrücht,
Vorließ sich auff sein gwalt vnd macht,
In seim hertzen also gedacht:
Die sach wil ich naußfüren selb,
240 Die axt hab ich ytz bei dem helb,
Obs schon dort oben Gott verdrüß,
Nur eitel zorn vom hymel flüß,
So wölt ichs doch zum end wol füren,
Das man mein macht dabei solt spüren;
245 Wie sich der Aiax auch vermaß,
(Wie die Poeten beschreiben das,)
Vnd sprach, jm solt keyn feind entrinnen,
Wölt wol die schlacht on Gott gewinnen.
Solch vnmenschliche thürstigkeyt
250 Vnd vnerhört vormessenheyt,
Wie die vor zeitten seind gewesen,
Mag yeder in historien lesen.
Drumb wöln wirs ytzund lassen farn
Vnd auff eyn ander zeit solchs sparn
255 Vnd hie eyn zum exempel setzen,
Welchen der Teuffel so thet hetzen,
Das er auch Gott verflucht im hymel,
Hat angericht eyn solch getümmel,
Das man ytz weyß bei disen tagen

260 Jn aller welt von jm zuſagen.
   Das iſt der grauſam Wilde Man,
   Der ſich dermaß hat bar gethan,
   Das ich ſein that vnd Manlich krafft,
   Sein groſſe ſieg vnd Ritterſchafft   [B 2ᵇ]
265 Vnd ſein Triumph hie muß anzeygen,
   Der ſich dem Teuffel gar zů eygen
Gab vnd ſo hoch hat auffgemutzt,
   Das er Gott vnd ſein heylgen trutzt,
Sich als zufreſſen vnderſtanden,
270 Was ſich nur regt in deutſchen landen.
   War eyn Scharrhaus vnd eiſen fräſſer,
   Eyn leſterer vnd Gots vorgeſſer,
   Eyn Gotloſer vnd Gots vorſucher,
   Seins worts vnd der warheyt verflucher,
275 Eyn ſchender vnd eyn lewt vordriſſer,
   Mortbrenner vnd eyn blut vergiſſer,
   Eyn Mamaluck, eyn böß Papiſt,
   Eyn Ketzer vnd eyn Widerchriſt,
   Eyn hertzloſer, verzagter krieger,
280 Eyn lügner vnd eyn leut betrieger,
   Eyn glidlöſer vnd augen blender,
   Eyn Eebrecher vnd frawen ſchender,
   Eyn ertzfeind aller frummen Fürſten,
   Der ſich nach vnglück ſtets ließ dürſten,
285 Wolt oben auß vnd nirgen an,
   Mezentius, der Wilde Man,
   Ließ bei jm leſtern, fluchen, ſchelten
   Vil mehr dann alle tugent gelten.
   Das war der Gwelff von Wolffenbüttel:
290 Yetz iſt er nur eyn aſchen prüttel.
Beiſſen vnd belln iſt jm verbotten,
   Weil all ſein macht in die äſchen gſotten,
Vnd all ſein hoffen gar erloſſchen:
   Das heyßt recht hinderm Tenn gedroſſchen, [B3ᵃ]
295 Vom Roſs auff den Eſel geſeſſen
   Vnd von dem tollen Hund gefreſſen.
Weil jm iſt all ſein troſt empfallen,
   Jns Grimmental mag er nu wallen,

Da ist gnedig der lieb Sanct Rewl,
300 Der macht jm in seim hertz eyn grewl,
Verscheucht jn mit eym fliegen wibel,
Das er sich globt nauff zun eynsibel,
Vnd laufft der man dahin ins wild,
Wie er jm selb hat gmalt eyn bild,
305 Setzt auch den schönen spruch dafür:
Iustus non derelinquitur,
Der gerecht wirt nimmer mehr verlassen,
Vnd darff sich solches spruchs anmassen,
Der sich zů jm reimbt gleich so vil
310 Wie der Esel zum seytenspil,
Gleich wie eyn Jud zum schweinen broten,
Als wan eyn fackel leucht eym tobten.
Darauß wird gwißlich colligirt,
Das er der schrifft ist vngelert,
315 Jnn der selben so wol beredt,
Wie der Sittich den Glauben bett.
Vnd wie er glesen in der Bibel,
Der moß hat yetz sein hauß eyn gibel,
Wirt auch damit selbs vberteubt,
320 Das er den spruch hat nie gegleubt
Ober vileicht der moß eingefürt,
Wie Caiaphas auch prophetirt,   Ioan. 12.
Wider sich selber vnd die seinen,
Dies anderst, dans hinauß geht, meynen. [B3ᵇ]
325 Drumb wirt jm yetz der selbig spruch
Zum schrecken vnd zum eygen flůch,
Den andern aber kompt zum segen,
Welchen der Wild Man ist entgegen,
Wie an dem selben Caiaphas
330 Vnd an seim volck auch eben das,
Was er het gweissagt, ward volnbracht,
Doch vil anderst, dan er gedacht.
Drumb wöln wirn spruch ytz alligieren
Vnd widern Wilden Man ein füren,
335 Denselben auch recht Christlich deuten.
Wir sehen, das auff vnser seiten,
Die wir von jm han vnrecht glitten,

Das Gott hab selb für vns gestritten,
In disem spruch sein wort gehalten.
340 Weil wirn der sach han lassen walten,
Vnser gedeien an lewt vnd land
Als heym gestelt in seine hand,
Vnser gebet für jm außgossen,
Hat er die seinen nit verlassen,
345 Mit freud hinauß gefürt den krieg,
Das wir erlanget han den sieg.
Den feind ist zag vnd forcht ankommen,
Weil er jm het das hertz genommen.
Er hat verlorn land vnd lewt,
350 Die vnsern han erjagt die bewt,
Vortriben von seim starcken Schloß
Gestoffen von seim weissen Roß,
Dahinder geht er netz zu füß,
Sein vatter land er meiden müß,   [B4ᵃ]
355 Sein freund sein all von jm abgwichen
In scham vnd grosser schand vorblichen,
Von Gott dort doben in seim thron
Abgschnitten ist vnd gar vorlon.
Weil er von jm ist abgetretten,
360 Im Glauben nicht hat können betten,
Von hertzen sich auff jn vorlassen,
Drumb ist er netz von jm verstossen.
All hülff vnd gnad ist jm vorsagt,
Dazů jn sein gewissen plagt,
365 Vorzweifflung jn mit peitschen jagt,
Die Judas rew im hertzen nagt,
Vnd wirt mit all sein vngefellen,
Endlich getriben zů der hellen,
Darinn er ewiglich muß baden;
370 Bilch hat er auch den spot zum schaden
Vnd wirt netz für gestelt den andern,
Die auch in gleichen wegen wandern
Vnd auff der selben seyten spielen,
Wie netz das gschrey ist noch von vilen,
375 Die auch die Scheiben heymlich treiben
Mit practiken vnd briefflin schreiben,

Mit ſchunden, ſchüren vnd mit heßen,
Mit grunßen vnd mit zehne weßen,
Mit ſchel, ſchieb ſehen vnd mit mawlen,
380 Mit winckelzügen, heymlich ſchawlen,
Mit vbelwüntſchen, ſchelten, fluchen,
Mit abgunſt vnd mit vnglück ſuchen
Vnd heymlich durch den zaun noch ſtechen,
Das ſie eyn mol jr mütlin brechen.   [B. 4ᵇ]
385 Laſſen ſich heß zum beſten lencken,
Oder wirt jn auch eyn trüncklin ſchencken,
Das ſie dafür die naſen rimpffen,
Wo man der maß würd mit jn ſchimpffen,
Ob ſie nicht von jrem thun ablaſſen.
390 Ich halts, die glock ſei ſchon gegoſſen,
Die axt iſt ſcharpff vnd wol geweßt,
Dem bawm ſchon an die wurßeln gſeßt,
Der knüttel drawt den böſen hunden,
Vnd iſt der beſem greßt gebunden.
395 Jr ſach ſteht gleich wie auff pelß ermeln
Vnd iſt gar vnſtet wie eyn Hermeln;
Sie gehn fürwar auff ſchwachen füſſen,
Wolt, das ſich nicht zu ſehr vorliſſen
Auff herren vnd auff Fürſten gunſt.
400 Eym güten meyſter feylt offt ſein kunſt,
Man ſind auch wol eyn Schmid in feſſeln,
Klüg hennen legen auch ind neſſeln,
Der Heßer ander vögel ſchmeßt
Vnd ſpottet jr, wo man ſie feßt,
405 Doch muß er zleßt auch ſelber blüten
Am kloben oder leim rüten.
Die ſpötter vnd die böſen buben
Fallen gemeynlich in die gruben,
Die ſie eym andern han gegraben,
410 Vnd müſſen ſelb das vnglück haben,
Welchs ſie eym andern han bedacht,
Das auff jrn eygen kopff wirt bracht.
Drumb laß ſich niemand allzuſehr
Auff ſterck vnd gwalt, gelt, gunſt vnd ehr
415 Vnd auff als, was vergenglich iſt,

Es besteht fürwar zů keyner frist.
Dann so gehts gwißlich alle denen,
   Die sich wölln wider Gott aufflenen
Vnd widern scharpffen stachel lecken: Act. 9
420   Den bleibt er in der fersen stecken.
Wer sich alhie bereden leßt,
   Nimpt dise warnung an fürs best,
Der mag dem schaden noch entfliehen,
   Můß sunst an gleicher leynen ziehen
425 Mit denen, die jr hertz verstocken,
   Mit keym gůten sich lassen locken,
Vnd spiegeln sich an Wilden Man,
   Das sie die warnung nemen an.
Eyn gmeyn Sprichwort war bei den alten,
430   Das hat man stets für gwiß gehalten,
Auch hats erfarnheyt gmeyn gemacht,
   Wolt, das mans het in gůter acht,
Lawt so: Herrn gunst vnd rosen bletter,
   Des würffels fall, Aprillen wetter,
435 Junckframen lieb vnd feder spil
   Verkern sich offt, wers glauben will.

B. W.

Anhang.

Ein Spruch von einem hungrigen Wolfe.

Vorbemerkung.

In der Heidelberger Bibliothek (Cod. Pal. Germ. 774 fol. 7—11) befindet sich eine Umdichtung von Burkard Waldis' oben S. 9—14 mitgeteiltem Herzog Heinrichs Klagelied, die bislang überhaupt nicht gedruckt worden und die auch v. Liliencron nicht zu Gesicht gekommen ist (Hist. Volkslieder IV,175 Anm. 11). Die Handschrift enthält Stücke aus den vierziger und fünfziger Jahren des 16. Jahrhunderts. Sie ist 1560 oder doch nicht viel später geschrieben.

Der Spruch von dem hungrigen Wolfe liefert zunächst den Beweis, dass Burkards Lied sich einer grossen Beliebtheit erfreute. Andererseits wird derselbe besonders dadurch interessant, dass er mehrere ganz unverständliche Stellen enthält, die nicht allein auf Rechnung des Abschreibers gesetzt werden dürfen, sondern aller Wahrscheinlichkeit nach dadurch entstanden sind, dass der unbekannte Verfasser dieser Reime bei seiner Umdichtung der umgestaltenden und verunstaltenden mündlichen Ueberlieferung, die ihm immerhin als bereits schriftlich fixiert vorgelegen haben mag, gefolgt ist. Man vergleiche besonders 35—46 mit Strophe 5, 47—54 mit Strophe 6 und 171—176 mit Strophe 20 des Klageliedes.

Die Verse 47—54 paraphrasieren die 6. Strophe des Klageliedes, welche sich, wie oben in der Ein-

leitung bemerkt, nicht in den von Liliencron ein-
gesehenen Ausgaben, sondern nur in dem von uns
aufgefundenen und wiedergegebenen alten Drucke findet.
Das häufige ai weist auf einen süddeutschen Verfasser.
Wir teilen das Gedicht mit unter Beibehaltung
der Orthographie, aber unter Neugestaltung der Inter-
punktion. Die wenigen sich findenden Abkürzungen
sind aufgelöst. Am Rande der Handschrift steht bei
V. 7: Hertzog von Braunschweick; V. 41: Doctor mathias
Höld, unter vollständigem Missverständnis des Klage-
liedes: V. 51: Simon Rinckh (st. Finck, vgl. Klagelied
6, 1; der Verfasser macht den Mordbrenner zum Dichter);
V. 63: Hertzog Jörg von Sachsen: V. 73: Bischoff von
Brem; V. 81: Bischoff von Menntz; V. 87: Hertzog von
Bairnn; V. 88: Doctor L. von ekh (Leonhard von Eck
war bayrischer Kanzler); V. 96: Kayser Karel; V. 131:
Der Teuffel; V. 140: Eua trottin (die übrigens von
Burkard Waldis selbst in keinem seiner Gedichte er-
wähnt wird): V. 169: Belial: V. 188: Der Teuffel.
V. 19 der Handschrift hat das unverständliche:
fraindt ach wend verlau. — V. 28 die Handschrift:
gleich wie roß, was röß zu lesen wäre. Es bedeutet
Rose. — V. 40 die Handschrift: Deü. Es bedeutet Denen.
V. 34 die Handschrift: ach. — V. 52 die Handschrift:
schweinigen. Gemeint ist Schöningen. — V. 68 jehen,
sagen. — V. 150 die Handschrift unverständlich: dynnen.
Es scheint „Dirne" bedeuten zu sollen. — V. 171 ff.:
vgl. Klagelied St. 20, wonach den sinnlosen Worten
„newe Dominica" und „fulsine" die Namen Nero,
Domician, Julian zu Grunde liegen.

Ein spruch von ainem hungeringen wolffen.

    Kürtzlich hört ich ain New geschray,
Der reden waren manicherlay,
Vnnd ich vernam den newen bschaidt,
Trüg ich in meinem hertzen laidt;
5 Ich hort ain lieblin horen singen
Das thet in Teutschlandt vast erklingen,
Von ainem wolff gar vngeheur,
Sein dickisch art hat gmacht vil feur,
Des trawrent jetzt vil armer leut
10 Hin vnd her in landen weyt,
Furnemlich in dem heffner landt.
Der dickisch wolf lag in dem sandt,
Sein bauch ward jm verschmacht so sehr,
Recht sam er nit bey synnen wehr,
15 Sein nest wardt jm zerstörret gar,
Sein palg müst lassen haut vnd har,
Des clagt sich der arm wolff so hart,
Das er sich nit het baß verwart
Vnnd in die fraindt sich ward verlan,
20 Des müß er in dem ellendt stan.
Er sprach: „Ich het mich vermessen,
Meine Roß die solten han gefressen
Denn schönen grönen Rauten krantz,
Der dennocht ist bliben ganntz,
25 Der war so woll gebundenn;
Ich verhoff, er solt sein verschlunden   [fol. 8ᵇ]
Vom leo vnd dem peren groß,
So grönt er nach gleich wie [ain] röß.
Darumb las ich mich jetzund sehen
30 Mit schenden vnd mit grossem schmechen.
Das thü ich als auß hungers not
Vnnd hab doch sorg, ich thum zu spot.
Noch such ich vil verretterey
Vnnd treyb auch haimlich morderey.

35 Ich hab auch manichem furst gelassen
Inn märckhten, dorffern gemacht weit gassen
Mit prennen durch mein sauren gstanckh,
Das man mir sagt des Teuffels dannckh.
Des clagt sich baid goßlar vnd Braunschweigkh,
40 Den ich bewisen hab groß dickh.
Noch ain trewen Rats man hab ich geschickht,
Dem hab ich offt sein mantel gefleckht,
Der ward genannt ain Esel treyber,
Sein anselag bedürff ain guten schreyber,
45 Der gab mir offt ain gutten Rath,
Inn meinem nest mans funden hath.
Ain Lied hat noch ainer gsungen,
Wie Dillingßhausen sey mißlungen,
Zu Bolen vnnd auch in der marckh,
50 Sein glait aber wardt nit so starckh,
Noch lebt er jetzunbt vberall —,
Joch auß zu scheinigen nach der wall,   [fol. 9ᵃ]
Da er wider außgezogen ist,
Vnnd hat sich also wol gerist.
55 Der Rauten krantz ward blüen,
Ich sach zway schwerter glüen,
Inn ainem feur, das ward vast hauß,
Bald bracht es mir ain grossen schwauß;
Der Leo füert ain grosses panner,
60 Ich erwischet bald den hasen saen
Vnnd macht mich bald von dannen ferr,
Dann meins beleibens war nit merr.
Ain vater het ich mir auß erkhoren,
Der selb hat mir ain aydt geschworen,
65 War doben an der höchstenn elb,
Der wolt mir trewlich helffen selb:
Bald ward er aber nit mehr gesechen,
Das ich jm jetzundt nach muß jehen.
Ich hert furwar ain groß gedimel:
70 Ich wolt, das got wer in dem himel
Gantz vnd gar zu mal gestorbenn,
Ich wolt nit sein so hart verdorben.
Ich bab mein langen brüder,

Das er zu richt sein Rüder,
75 Der das wasser tretten khan,
Vnnd das er brecht sein segel an,
Vnnd füert sein schifflin zu der stundt —
Dann ich müß reden von dem grundt —
Da wars jm schier versunckhenn,
80 Vnnd ich gar nachendt wer ertrunckhen. [fol. 9ᵇ]
Ich schickt brieff zu aim Rotten hüt,
Der sol mein hanndel machen güt;
Von jm blib ich aber auch hilfflos,
Er selb müst entrinnen von seinem schwartzen schloß;
85 Rot scharlach khan mich nit deckhen sein,
Vor sollichem grossem hayssen schein.
So waiß ich doch noch güt frisch wegkh,
Sie sitzen daussen an aim eckh,
Die hann ich mir noch furgesetzt,
90 Das ich meines hungers werdt ergetzt.
Jre pferdt handt sy gesatlet schon,
Jr spieß, schwerdt auch wetzen lon.
Die selben mich auch liessen in sorgen,
Drum müst ich früe auff ain morgen,
95 Weckh weichen auß ainer alten Stat.
Bald ich vmb gnad den adler badt.
Alle welt die het mich gar verlassen,
Ich ward traurrig auff weytter strassen,
Dann ich ward verlassen vberall,
100 Noch trostet mich der beliall.
Er sprach: Laß dich nit also dempffen,
Ich will dir dapffer helffen kempffen,
Du bist ein trewer biener mein,
Drumb ich gentzlich wil bey dir sein.
105 Der stül zu Rom hat noch gelt vnd güt,
Der dir auch geren helffen thüt,
Den will ich selb darzu treyben,
Vnnd er sol dir nit auß bleyben. [fol. 10ᵃ]
Der Rath macht mich auch zu hoffen,
110 Ich nam mein harnasch, schwert vnd waffen,
Des Belials rath daucht mich vast güt,
Ich sach mich vmb nach lutters blüt

Vnnd nach seinem anhang, in ainer Summ,
Jch wartet auff das Concillium,
115 Das der Bapst selbs auß geschriben,
Der ist doch selbert auß belibenn.
Nun hab ich mich jetz gar khains güten
Zu jm nymmer mer zu müten;
Den ich doch hielt fur meinen got,
120 Auß dem der luter treibt den spot,
Mit jm treybt er so gar vil scharren
Vnnd helt all die fur groß narren,
Die hilff haben bey jm gesucht;
Dann vil sagen all, er sey verflucht.
125 Jch sich, es will auch schier nit mer gelten
Sein fluchen vnd sein grosses schelten;
Die bann brieff hat er vmb gelt verkaufft,
Die seindt jetzundt gar auß geraufft;
Wann das noch wer, wolt ich mich weren,
130 Des Lüthers buben mores leren.
O Belial, ich thü dir clagen,
Der Bapst wil an mir auch verzagen,
Der ich mich allzeit geflissen hab
Jn seinen werckhen auff vnd ab.
135 Jch vastet wol vnd bettet vil,
Darin war weder maß noch zil,   [fol. 10ᵇ]
Wie dann jm bapstumb ist der brauch.
Jch füllet auch offt mein bauch,
Jch hielt mich auch alle jar zur beicht.
140 Ains mals het ich ain schöne leicht,
Ain alts weyb da ain zaichen thet,
Der todt gar nach geredet het.
Jch zoch sollichs werckh wol in ain bossen,
Jch solt mich auff khain mensch verlassen,
145 Bey jnnen ist doch gar khain hail.
Des tobten claider trüg man fail,
Jch war der sach nit wol bedacht,
Jch het schier den handel zu grob gemacht,
Zu stauffenburg hat mans worden jnnen,
150 Jch sach gar saur an meiner bynnen.
Jch verließ mich auff mein vestes schloß

Vnd auch auff mein schne weyses Roß,
Das schloß das haust der wolff bittel,
Was sol mir jetz der selbig tittel?
155 Die katzen fressen jetzt daruon,
Darhindter müß ich zu füessen gan,
Die schwerter hand es ser zerrissen.
Der teuffel hat mich hart beschissen,
Denn Rüeff ich jetzundt wider an,
160 Der selb mir auch wol helffen kan,
Der ist ain furst der gantzen welt,
Der wirt mir noch auff treyben gelt;
Dann ich waiß noch gut saist koppaunen,
Der selben kan ich nit verschonnen,   [fol. 11ª]
165 Darbey da sendt auch gar gut hennen,
Ich darff sy aber nit woll nemen,
Darumb so muß ich eben auff sehen,
Das ich sy auch khundt woll aufspechen.
O Belial, thü gütten rath,
170 Das ichs angreyff wol mit der that.
Dann newe Dominica volge ich;
Nach Kaligula richt ich mich,
Bey sulsiue such ich meinen radt,
Hab sorg, es werd mir auch zu spat.
175 So ich dann also bleiben müß,
Hoff ich doch noch auff Judas büß.
Darbey laß ich es jetzundt bleiben.
Was man thüt reden oder schreyben,
Das müß ich jetzundt geschehen lan,
180 So ich jetz nit weytter khann.
Darumb so müß ich also sprechen;
Khundt ich mich aber selber rechen,
So ließ ichs warlich nicht.
Damit beschließ ich diß gedicht.
185 Darumb so sech man mir auff die hendt;
Dann das welsch ist nit jederman bekandt.
Ob man jetz treybet schon den spot,
So hab ich noch ain starcken got,
Von welchem oben ist gemelt,
190 Der ist ain furst der gantzen welt,   [fol. 11ᵇ]

Bey dem kan ich noch wol rath finden,
Ich hoff, ich wöl noch manichen schinden,
Darmit ich füll meinen weitten bauch,
Vnnd das mein balg werd wider rauch.
195 Darmit wil ich also beschliessen,
Ich hoff meins schaden noch zu geniessen."

**Es gilt auf schens, der wolf ist hungerich,
Erwischt er dich, So frist er dich.**

9 783348 080194